Αίλουρος

николай звягинцев
взлётка

ailuros publishing
new york
2015

ISBN 978-1-938781-32-2

Редактор Елена Сунцова.
Обложка и иллюстрации Николая Звягинцева.
В оформлении книги также использован авторский шрифт Николая Звягинцева «Барсук».
Фотография Светланы Балаевой.
Подписано в печать 21 января 2015 года.

Runway
Poems by Nikolay Zvyagintsev
Ailuros Publishing, New York, USA
www.elenasuntsova.com

ISBN 978-1-938781-32-2

В сладком предчувствии, как борзая,
Когда ты весь из горячих щёк,
Жизнь дотронется, как на базаре,
Скажет: попробуй меня ещё.

Из воздуха писем твоих коротких
Смотрят внимательные глаза,
Как плохо сведённая татуировка
Моя доро а тебя не за

Это мне из пустой и зряшной,
Под крупными каплями календаря
"Чтобы я видела вашу пряжку" —
Небесные девочки говорят.

* * *

На пути дорожки дыма,
Где разбилась Оля С.,
Встанет город нелюдимый,
Затопляемый, как лес.

А когда по бывшей почве
Будут шастать корабли,
Как пароль случайной почты,
Я забуду про Лилит,

Что могло остаться с нами,
То, что вместе не хранят —
Чья-то книжка записная,
Чей-то пыльный парадняк.

Как судьба разбитой вазы,
Промелькнувшего лица,
Как царапают алмазом
Стёкла Зимнего дворца.

* * *

Брат мой Тео, чего я жду —
Мои руки в сахаре, хвост во льду,
Если ближе к уху, сильнее шум.
Лучше я тебе напишу,

Как войти в соседнюю дверь,
Направить солнце на револьвер,
И что случится в твоей голове,
Когда увидишь в рыжей траве

Окна и двери такой красоты,
Глаза из олова и слюды,
Все монеты, которые ты
Мог бы выловить из воды.

* * *

Знает ли кошка, что будет зима
С точкой на середине круга,
Про фиолетовые закрома,
Про её чёрно-белые руки.

Что мышиная наша возня,
Шар, живущий в оконной раме,
Через неё и через меня
С подмосковными номерами,

Что, забыв посчитать до ста,
Стоит весёлая, штыковая
Венецианская пустота
Или как её называют.

* * *

Фотография — сладкий лук.
Человек поднимает руки.
Перелистывая друг друга,
Поднимаясь наверх по трубам,
Видишь тень его на полу,

На листве, на верхушке ветра
На обочине и вообще,
Среди красно-желтых вещей,
Словно облако над конвертом,
Словно курточка DHL.

* * *

Вот он, любимый до привыканья,
Первый снег на твоих плечах.
Так помогают себе руками,
Когда надеются закричать

Про безумие льда и пара,
Зимний праздник горячего лба,
Пока смотрю, как она наступает,
Проводит пальцами по губам.

* * *

Когда на деревьях не будет гнёзд,
Студентка погладит собачий нос,
Скажет: «Я совсем не погасла.
Ревнивый серый, любимый красный,
Знаю, он тоже наружу маслом
Хочет рыбу — меня одну.
Вот он плывёт под вагонной сцепкой,
Чтобы сказать о моей оценке.
Я перейду к другому окну

И увижу немного дальше —
Все красивые ждут опоздавших,
Всех своих плюшевых постояльцев,
Всех своих бронзовых караульных.
Когда в моей жизни не будет денег,
Сколько это на самом деле,
Хотя бы в раковинах каури».

* * *

Время года, хозяйка неба,
Та, кому никогда на милость,
Ты увидишь, когда стемнеет —
Мы придвинулись, удлинились.

Что от лавочки до мишени,
Даже если погоды мало,
Есть обёрточная отношений,
Парафинированная бумага.

Баланс белого

Вот желания, эти двое.
Как сказать, что они преступны,
Что у них разная температура,
Кратная желтому и голубому,

Поскольку, чем дальше я уезжаю,
Тем в мире меньше их остается —
Нерастворенных, непереводимых,
Круглоголовых и люминесцентных,

В домике, сделанном из ладоней,
Заблудившихся,
Настоящих.

* * *

Ты живая медвежатка
Нам идет короткий шаг.
От любви бывает жарко,
Можно выйти подышать.

Новый год, мы все устали.
Скоро люди по стеклу
Через будущий Растает,
Через бывший Outlook,

В белый дым, зелёный камень,
На четыре стороны
Побегут вперед руками,
Станут сильно влюблены.

Паддингтон

Устрица, скоро спи́ны,
Над ними лёгкий плавник.
Ты легко и бесстыдно
Раскроешься с каждой из них,

Почувствуешь себя ловчим,
Выберешь одного.
Это увидит лётчик,
Порадуется за него.

Утренний серебристый,
А вечером золотой
Подпустит его на выстрел,
Позавтракает с пустотой,

Скажет: «Один влюблённый,
Которого я везу,
Сейчас провалится в Лондон,
Ловите его внизу».

* * *

Мы здороваемся, люцерна,
Смотри скорее, что я принёс им,
Как это весело и бесценно —
Кто-то тычется мокрым носом.

В море тающих, некрасивых,
Смешных, с перчатками по карманам,
Все хотят билетных кассиров,
Акцизных марок,

Запах мартовский, оружейный,
Окно, которое он откроет,
Когда появится отраженье
И можно будет его потрогать.

* * *

Вот что, мой плюшевый, ты же знаешь:
Если кому-нибудь доверяешь,
Пока причина не потерялась,
Просто скажи ему: «Я растворяюсь

На этой проволоке магнитной,
С глазами в гору, душой на нитке»,
Чтобы он встал у тебя за плечами
И потащил, как пакетик чая.

* * *

У прошлого в пальцах бывает сыро
На все четыре стороны сыра.
Просто Рима ещё не случилось.
Та, что будет потом над ним,
Она пока что северный кнедлик,
Который плавает в сторону неба,
В чей-то поднятый воротник.

А кто-то любит её, листает,
Глупый, думает, что растает,
Ему даже хочется с ней местами,
Уже придуманной пустотой,
Когда их четверо или трое
На самодвижущейся дороге,
Где будет Аппиева потом.

От Борского моста на Мочальный остров

Видишь, в Индии кирпичной
Согнут мир посередине.
Две луны на крыльях птичьих,
Две сходящиеся льдины.

Чкалов, Чкалов, я Мочальный,
Я сегодня твой начальник,
Я фигура цвета чая
С разведёнными плечами.

Я смотрю в тебя, как заяц,
Улыбаюсь, как паяц.
У меня перед глазами
Реки рядышком стоят.

А я щурюсь, как закройщик
Перед барышней случайной.
Кынчев, Кынчев, это Прощин,
Прощин, Прощин, я Мочальный.

* * *

Где твой голос, расскажи мне,
Весь такой прохладный, жирный,
Осторожный, как лиса.
В мире сонных полукружий
Я его не обнаружил,
Всё чужие голоса.

Кожа пробковых панелей,
Жёлтый запах карамели,
Где ты сделалась лисой,
Что всегда хотела много
Слишком быстрых остановок,
Слишком разных голосов.

А теперь в любом кармане
Столько скомканной бумаги,
В каждом ухе рыжий звук,
Словно такса или лайка,
Как английская булавка,
Ловит сердце на испуг.

* * *

Тальк, смеющийся мой лежебока,
Уже исчезнувший под дождём!
Если в будущем неглубоком
С нами что-то произойдёт,

С той стороной, которую мазал,
С теми, которых я видел семь,
Мы догадаемся об алмазах:
Они бывают не насовсем.

Так много парусных и насекомых
Несут случайное колесо,
Когда глядим на едва знакомых,
А нас царапают, вот и всё.

* * *

Если выйти из Ланкастер,
Из пустой медвежьей пасти,
Щёлкнуть надвое печать,
Вмиг становится прозрачно,
Хорошо и новобрачно,
Можно встать и покричать.

Мой медведь, мои медведи,
Сколько вас ко мне приедет,
Для какой из двух сторон,
Как насквозь прошедший гвоздик,
Пополам ломает воздух
Одинаковый перрон.

Я — украденная ложка,
Ты — холодная дорожка,
Вместе этот и другой.
Я хочу в конце беседы,
Чтоб нестарые соседи
Дружно топнули ногой.

Стали вольтовой дугой.

* * *

На взлёт собираются брови, умляут.
Все лишние судьбы завистливо лают.
У времени возраста новый красавец
Проходит по луже, её не касаясь.

Вот небо несбывшихся и непристойных,
Там весело верить, что ты не пристёгнут.
Аркадия, роза в кирпичном застенке,
Прозрачная, словно бумажные деньги.

* * *

Меньше веток, чем игрушек,
Больше клеток, чем подружек,
Их достанут из-под кружек,
Скажут, кто во что одет.

Однопалубный мой, вот он
Руки за спину заводит,
Слышит дырки через воду,
Видит крестик на воде.

Где мои четыре сыра,
Полосы мои четыре,
Сколько ног твоих четыре,
Сколько лапы мои две?

Помнишь, летом на Можайке
Мы смотрели на ближайших,
Вместе спинами лежащих,
С каблуками в голове.

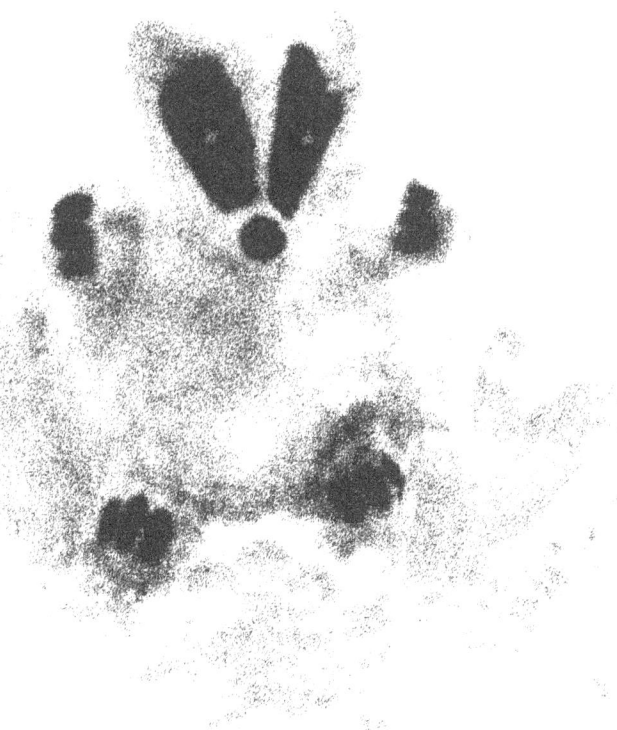

* * *

Те, которых зовут на ты,
Ими пропитывают торты,
Носят вечером на плече.

Им покупают только туда
В романо-германские города,
Они не спрашивают, зачем.

Знают, где-то садовый гном
Свяжет это вчерашним днём,
Ночью звёздочку каждой даме,

А потом придумает иней,
Чтобы ухаживать за своими
Замерзающими руками.

* * *

Рыбка превратилась в замочную скво,
Ручку одного из ковшей.
Вдруг она захочет проплыть под Москво,
Женщиной до мочек ушей.

Мокрая, смешная, застекольная, за
Бывчивая, бывшая за.
Вот фреза-гюрза, вот коза-дереза,
Посмотри, какие глаза.

Вот она боится, что захочет обжечь,
Табельная, талая, та —
Бог речного леса и столовых ножей,
Бабочек во всех животах.

* * *

Отыщи меня на Гу.
Кто там движется в снегу,
Чей живёт холодный, гуглый —
Видит белый, держит круглый,
Носит жабры и плавник,

Облака и перелески,
Крыши, двери, занавески.
Сделай близко, сделай резко,
Так, как любим мы одни.

Вдруг найдутся в самом деле
Руки, пуговицы, деньги,
Разных слов несовпаденье,
Те, кто бегает от них.

* * *

Мы соскучились, веснутка.
Осторожно, скользкий пыл.
Я на эту распахнутку
Полечу, как нетопырь,

В сорок семьдесят Шагалов,
Сто пятьсот летучих рыб.
Лишь бы солнце помогало
Делать частый перепрыг.

* * *

Люди разных земных участков,
Словно сахар остался в чашке,
Со спины слабее броня.
В перекрестьях дождя грибного
Я стою в саду осьминога,
Вы уходите от меня.

В Нижнем Новгороде, в апреле,
Посреди своей батареи,
Небывалой своей весны,
Только чувство квадратных скобок,
Словно всё это будет скоро
Фотоснимками со спины.

* * *

Я сон, где ты была кротом,
Смотрел руками и хвостом.
Ищи меня в пустом пальто,
Лови в саду полупустом.

Потом зажмурься, так верней,
И быстро вспомни обо мне.
Смотри, как с крыш сползает снег,
Как просто сходит он
на не
т

* * *

Композитор, ты карманник.
В расцарапанной бумаге,
Там, где кожа или шёлк,
Разный шум, случайный гений
Мёрзнет голый на рентгене
С перевёрнутой душой,

Чтоб другой небесный жулик
Плавал сумочку чужую,
Чтобы он увидел вдруг:
Между нотными шнурками
Пролетает плоский камень,
Режет круглые вокруг.

* * *

Мы в зеркале, глаза и живот.
На небе нас по-прежнему семь.
Там кто-то наизнанку живёт
И верит, что живёт насовсем.

А несколько мангалов назад
К нему ещё ходил пароход,
Толкая полосатый вокзал
Приснившихся пологих грехов,

Вода напоминала верстак
И стружка продолжала расти,
И публика на верхних местах
Не знала, что сейчас полетит.

* * *

Я знаю, у голоса навсегда
Есть оборотная сторона.
Это такие счастливые соты,
Где голос, который вам адресован,
Прибывает на станцию Сокол
И дальше движется по ножу.
Там нужно прыгать в кроличьи норы,
Но, чтобы вы не сломали ноги,
Я это место не покажу.

* * *

Мне к восьми на станцию, я хочу остаться.
Мир ещё похож на спящего ежа,
А туча разрастается, на деревья ставится,
Громко говорит, что не успею добежать.

И вот она размером с королевство Дания,
Единственная суша с яркими углами.
Я её поздравлю с первым попаданием,
Даже улыбнусь тебе, ласковая влага.

* * *

Мы открыли для купания реки.
Это сразу только две сигареты,
Это сразу слишком тонкие руки,
Будто вместятся на кончике носа
Ты один и девятьсот девяносто
Незнакомых одинаковых круга.

* * *

Ёж, барсук и водомерка
С нулевого километра,
Все привычные монеты,
Что не делятся на сто!
Вот енот сидит огромный,
Он почти аэродромный,
С чувством выпавшего снега
В лапе поднятой пустой.

Со снежинкой в красной пасти,
С парусами на запястьях,
Он под флагом чёрно-белым,
Как зимой почти что все,
Как пушистый наколенник
Или как военнопленный
На готовой для побега
Тонкой взлётной полосе.

* * *

По пляжу ехал папский нунций,
Смотрел на море молока
И думал: «Вот они проснутся,
Начнут ходить на каблуках.

Как быстро спину я приклеил,
Как нитку вовремя продел,
Пока ничейная Елена
Лежит на медленной воде.

Когда слепящее незлое
Сошьёт неровные края,
Она кого-нибудь изловит
И все вернутся, даже я».

* * *

Друзья мои, Гурзуф и Моцарелла,
Чем севернее, тем оно верней.
Наверно, мы неправильно стареем,
Неправильно гуляем по Луне.

Я слышал, как из шерсти карандашной
Под взглядами, сползающими вниз,
Вы спрашивали: «Ты нас не отдашь ей?
Не вмешивайся, лучше отвернись.

Вот столбик сигаретного восторга,
Подглядывать за ним нехорошо».
Попутчики, вас нужно ровно столько,
И чтоб никто на свете не нашёл.

* * *

Это реверс. Ты согрелась,
Прыгай в зеркало обратно.
Новый снег. Какая прелесть.
Чёрный сокол, белый ратник.

Зброя, тутошная зброя,
В этом ходит только клён.
Будем жить свободным кроем,
Каждый сверху заселён.

Комментарий удалён.

* * *

Пуговица расстёгнута.
Кажется, что растёт она,
Что все они вдруг поднимутся,
Придуманные поступки,
Летающие омнибусы,
Которые недоступны.

Но чем оно так испугано,
Сколько на нём заклёпок —
Небо с глазами пуговиц,
Только что из самолёта.

RAEM

Здравствуй, умка Эр Эй И Эм.
Знаешь, я никого не ем.
Вся моя жизнь — это писк в ушах,
Такой же слабенький, как Земшар.

Я вспоминаю себя в толпе,
С фотографиями в овале,
Как мы заучивали напев,
Длинно-коротко передавали.

RAEM — сперва *ру-каа-ми ай-даа*,
Дальше будет: *есть маа-маа*.
Тёплый шарик, моя юла,
Певчая циркульная игла.

История пишется молоком,
Даже когда грозит молотком.
В эту контору любой сверчок
Может прийти со своим ключом.

Каа-тень-каа — слово на букву К,
Как раз для этого молотка.
То, что мы девочку эту поём,
Значит: «перехожу на приём».

Я не сплю и не жду трамвая,
Каждый день прохожу по раю,
Знаю, что севера не бывает,
Не влюбляюсь и не забываю.

Что там кролик сказал сове
По поводу жизни напополам?

Ну, до свидания, ДСВ:
Доо-ми-ки си-ни-е ви-даа-лаа.

* * *

Глупый заяц, как объясниться,
Как сказать тебе, что я близко,
Даже следы мои солоны.
Вон скучает студент-незнайка,
Зонтик вывернулся наизнанку
В паре выстрелов от войны.

Мой сосед со своей соседкой,
Ты сейчас проплывёшь под сеткой,
Потом запутаешься в сетях.
Там любители длинных спичек,
Что никогда не хотят по-птичьи,
Даже по-заячьи не хотят.

Они построили город-полис,
Ходят по щиколотку, по пояс,
Носят с берега на корму.
А мне приснилась пустая Троя,
Там патрон сидит на патроне,
Всё разыгрывают, кому.

* * *

Когда стрекозка в житейском гаме
Чиркнет фотографа по усам,
Он со своими пятью ногами
Всё за неё придумает сам,

Почувствует книгу чужой охоты
И наши запахи на посошок.
Но почерк, который ему подходит,
Ко мне ни разу не подошёл.

Ведь так умеет одна стрекозка
На моментальной своей одной —
Спокойным шагом, пустым и скользким,
В любое распахнутое окно.

Рогова — Пригова

В Москва-реке живут обэриутки,
Боятся треугольных контролёров.
В холодное растительное утро
Я вижу в камышении зелёном:

Она по этим будущим шуршащим
Дойдёт до головы или пупка —
Взлетевшая вослед за подлежащим
Великая трамвайная река.

* * *

Скоро зима, чтобы мы наследили,
Стало нечаянно и невредимо
Сделать тебя из воды или дыма
Вместе со всеми, тебе дорогими.

Перья, красавицы, вы невесомы.
С каждой из вас приключится подсолнух.
Хочешь, повешу на свой холодильник
Все имена, по которым ходили

Близкие пальцами и головами
Люди с высокими рукавами,
Бледными, слипшимися словами,
Между бумажными островами.

* * *

Когда колокольчики запоют,
Привстанет лавочник незнакомый,
Скажи ему, как тебя зовут,
Ведь в этом нет ничего такого,

Что можно выменять потолок
На восхитительный кончик носа.
Езжай в Испанию, там тепло,
Тебя там любят и произносят.

Пока ты воздух горячим лбом,
Как после душа или концерта,
Услышишь — первый, простой, любой
Тебе шепнёт почти без акцента

Смешное ола как ола-ла,
Ла-ла зелёного всем сигнала,
Как в детстве мама тебя звала,
Когда ты пряталась и не знала.

* * *

Все девчонки из мира ближнего
Попадают на край земли,
Там, где вдребезги о приплывшие
И ушедшие корабли.

Там, когда из воды и золота
Поменяется на дневной,
Где-то в небе лиса весёлая
Изогнётся к тебе спиной.

* * *

Пока разбуженный чемодан
Читает улицу по складам,
Всю из дырочек и зубцов,
Стебель, косточка, вишня, слива —
Пальцы ощупывают лицо,
Которое в городе поселилось.

Вот одиночество и волчанка
Только-только в оконной раме.
Смотри, я плаваю часто-часто:
Брайля, воздуха, Брайля, Брайля.

Орловская печать

Когда пушистая Терпсихора
Пленит орех за один наскок,
Я вижу цвет в конце перехода
По самому тонкому из волосков.

Он ищет дом, говорит спасибо,
Всплывает выше домов и ног,
Как будто строчка на лбу кассира
Из шерсти кисточек и банкнот.

Как много в мире подушек пальцев
Для поднимающихся со дна
Всех ниток радужных и шампанских
Внутри бумажного полотна.

Они скользят по житейской глине
Своих ревущих сороковых,
Где все влюблённые андрогины
Качают перьями головы.

* * *

Ты подумал: не хватит рук,
Ты, наверное, был с ней груб,
Никакого тебе гостинца.
Лучше просто ходить по Ду
В свой единственный день в году,
Пережёвывать и груститься.

Ты впервые плывёшь нагим,
Даришь рыбам свои шаги,
Метишь воду сапожным шилом.
Город схлопнет свои круги,
Камень вылетит из воды,
Бог покажется из машины.

На подсвеченном и пустом
Машет небо тебе хвостом,
Пенелопа уже в кармане.
Воздух медленный, быстрый йод.
Милый мой, у тебя клюёт.
Глупый, это тебя поймали.

* * *

Кошка, ты чувствуешь беспокойство.
Сделай почтовым его и скользким.
Я все собрал годовые кольца,
Мне очень нужно тебе сказать,
Закрыть калитку, заклеить клапан,
Потом упасть на четыре лапы
На минус несколько лет назад

В слова, раскрашенные вручную.
Они всё бегают и ревнуют.
Ты их запомнила врассыпную,
Тебе и в мыслях, моя душа,
Что может дядька седой и важный
Разбить стекло на своих бумажных,
Когда захочется подышать.

* * *

Она уехала в свой Фаюм,
В котором синие продают
За много-много земных монет.
А мой приятель, художник из,
Он просто смотрит с балкона вниз
И хочет плавает, хочет нет

По листьям будущим, бывшим нам,
Где лишь коснёшься ногами дна,
Она появится, не стучась.
И все зашепчутся по рядам,
Когда холодные, как со льда,
Гораздо выше, чем он сейчас.

* * *

Потом она скажет, хозяйка тира,
В твоей поселившаяся голове:
С вас две тысячи и четыре,
Вы даёте мне только две.

Все монеты содержат сок,
На них иногда выпадает снег.
Пятёрка целит тебе в висок,
Двойка бегает по Луне.

Ах, шуршалки, кошачий шаг,
Деньги пряники, пуля дура.
Два по семь это два ковша,
Можно двигать за ними дулом.

Оттуда, наверное, кто-то видит,
Чем ты дышишь, кого листаешь.
Вот по небу идёт Овидий.
Ты подпрыгнешь и не достанешь.

Ласточка

Когда в циферблат шипастый
Незримый воткнётся шест,
Сразу на всех запястьях
Свершается ровно шесть,

Из бывшего града Горького,
Рассыпавшегося в труху,
Время грозит иголками
Снизу и наверху.

* * *

Оксане

Зачем мне, Бе́да, твоя беда.
Горит огонь и кипит вода.
Сидели в доме на глыбе льда,
Снаружи думали что пустота,

Круглая кожа, кофейный круг,
Когда просыпаешься в январе
И слышишь тонкое чьих-то рук,
Вдыхаешь серое чьих-то рек.

Чужая птица, случайный гость,
Мгновенье какое-нибудь одно,
Ты протыкаешь меня насквозь,
Летишь во мне из окна в окно.

Теперь он видит себя самого,
В дырку пялится тёмный мир,
Как охотники через ствол,
Своё оружие переломив.

* * *

Ёлка, мы тебя раздели.
Выгнул спину Геродот.
А ещё через неделю
С неба туча упадёт.

По вечернему железу,
В прошлогоднюю весну,
Двое в тень твою залезут,
Обживутся и уснут.

Пусть колючая пехота
Кормит шумом дорогим,
Словно клавиш пешеходов
Поперечные шаги.

* * *

Он обнюхивает следы,
Год воинственный, урожайный.
Смотрят с той стороны слюды
Все смешливые горожане.

Остров света, моя блесна,
Полурыба с озёрным нимбом.
Разбегаешься, не узнать,
Как ты с яблоками в обнимку

Тихо падаешь в этот сад,
Невесомая, как плотвица,
Поворачиваться, кусать,
Перевёртываться, ловиться.

* * *

Наталии Азаровой

На море четыре часа утра,
Четыре без нас его пролиставших.
Его серебрящаяся кора
Моя незнакомая, как фисташка.

Подводные камни его светлы,
Как остро пахнущая нажива.
Скользят жильцы его и узлы,
Которые с вечера не ложились.

Как жир охотничий, рыбий пар,
Они спешат корабельным лесом.
Какая ты щедрая, скорлупа,
Какое ничейное ты, железо.

* * *

Андрею Полякову

Вкусная темень, такая шиншилла,
Которая вечно гуляет не с теми.
Мне проезжающая машина
Бросила дерево прямо на стену.

Вот он стоит, возникает в разрыве
Между придуманным и постепенным,
Воздух другой оконечности Крыма,
Ласковой, вкрадчивой, велосипедной,

Той, что возьмет тебя и опрокинет,
Что-то случайное и молодое —
Мелкие буквы густые такие,
Ждущие дома.

Балаклава

Один листригон стоящему рядом
Другому, такому же, говорит:
Сейчас эта сонная Лисистрата
Объявит мир у себя внутри.

Небо, насколько оно другое,
Его нельзя перейти вдвоём.
Оно проснётся, увидит город,
Наденет на голову и споёт.

Фигурка с острова Голодая
Среди скучающих медвежат.
Порода топорщится и выжидает,
Люди к ней тянутся и дрожат.

Жизнь, богатая на миллезимы,
Когда железные все подряд
Душу обёртывают резиной,
Пальцами мокрыми говорят.

Все убегающие от няни
С глазами, распахнутыми на юг.
Мы их закидываем камнями,
Тех, кто на голову и поют.

Просто когда-нибудь я узнаю,
Как ты попала на сгиб листа
Цветов ожидания, как нарезная
Туго спелёнутая пустота.

* * *

Море кофе за стенкой глиняной.
Мы сидим на железной линии,
Боимся осени, как пожара.
Нам смешно, мы на рынке прелестей,
Я приблизился и приклеился,
Ты сошла и перебежала.

Видишь, едет подружка города,
Чтобы платье своё через голову,
Чтобы из крошек и молока
Что-то малиновое в панировке,
Такие, как если сесть на коробку,
Трапециевидные облака.

Взлётка

В сладком предчувствии, как борзая,
Когда ты весь из горячих щёк,
Жизнь дотронется, как на базаре,
Скажет: попробуй меня ещё.

Из воздуха писем твоих коротких
Смотрят внимательные глаза,
Как плохо сведённая татуировка
Моя доро я тебя не за

Это мне из пустой и зряшной,
Под крупными каплями календаря
«Чтобы я видела вашу пряжку» —
Небесные девочки говорят.

Архангельское

Псише встретила Гонзаго,
Полетела с ним на юг.
Там царапают глазами,
Если руку подают.

«На просвет павлиньей кожи,
Померанцевой брони,
Наилучшую из кошек,
Ты меня не урони.

Мой взыскательный Гораций
Из приталенных высот
Всех на свете декораций
На себе не унесёт.

Но когда они, как листья
На сердечко из слюды,
Своему акварелисту
Я подам стакан воды».

* * *

На днях я видел зеркало.
Там весело и выпукло
Восьмёрок нарисовано
И медленно, и много.
Оставь своё оружие
У ящика с мороженым,
Морская моя бабочка,
Почтовая минога.

Смешная и опасная,
Она меня узнала,
Фарфоровая башня,
Где сегодня буду жив.
Не прячь свои запястья,
Дорогая козырная,
Я вижу сквозь рубашку,
Под которой ты лежишь.

* * *

Быстро-медленно, восторженно и долго
Всех засыпало колючих и плодовых.
Ваша спутница, оранжевая долька,
Держит стёкла на проснувшихся ладонях,

Отражается насколько можно часто,
Словно люди неслучайного пошива.
На Москве стоят пожарные початки,
Кукурузные блестящие машины,

А сегодня только белые движенья
В центре мира, как на проволоке ГУМа.
Посмотри, она сожмётся, как манжетка,
Будет в небе городошная фигура.

* * *

Просто признайся, что ты проснулась,
И пусть это видят одни коты,
Как, вытянув левую, прописную,
Дом одевается для пустоты,

Как видит сверху пушистых денег
Ещё не протоптанный порошок —
В день на косточке, в понедельник,
Утром, пока тебе хорошо.

СОДЕРЖАНИЕ

www.ingramcontent.com/pod-product-compliance
Lightning Source LLC
Chambersburg PA
CBHW071846020426
42331CB00007B/1885